Cuando el agua está en forma líquida, algunas cosas se disuelven en ella con facilidad, como la sal, el azúcar y algunos gases.

Cuando el agua se enfría mucho, se congela y se convierte en hielo. Aunque la mayoría de sustancias se contraen cuando se congelan, si pones a congelar una botella de vidrio llena de agua, el agua se expande y rompe la botella.

Cuando el agua está en forma de gas, o vapor, por lo general es invisible. El aire con mucho vapor de agua se siente pegajoso y húmedo.

Source (bl) Jupiterimages/Thinkstock Images

El agua se mueve por toda la Tierra. Puede cambiar de sólido a líquido, y luego a gaseoso. Este cambio se llama ciclo del agua.

El sol calienta el agua de los lagos, ríos y océanos. Parte de esta agua se convierte en vapor. Esto se llama **evaporación**. Luego, este vapor de agua asciende a la **atmósfera**.

A medida que el vapor asciende, se enfría y se transforma de nuevo en líquido. Este proceso se llama **condensación**. Se forman diminutas gotas de agua. Estas gotas componen las nubes.

Cuando el sol evapora agua de un lago, el vapor puede aparecer como neblina.

Las gotas de agua se juntan y se vuelven pesadas. Caen en forma de lluvia, granizo, aguanieve o nieve. Esto se llama precipitación. El agua se acumula en los arroyos, los ríos o en el suelo. Luego, el agua se calienta por el sol y el ciclo del agua comienza de nuevo.

El agua recoge otras sustancias del medioambiente durante el ciclo del agua. Podemos aprender más acerca de nuestro planeta al averiguar qué sustancias recolecta el agua.

AHORA COMPRUEBA

¿Qué sucede en el ciclo del agua?

Ciclo del agua

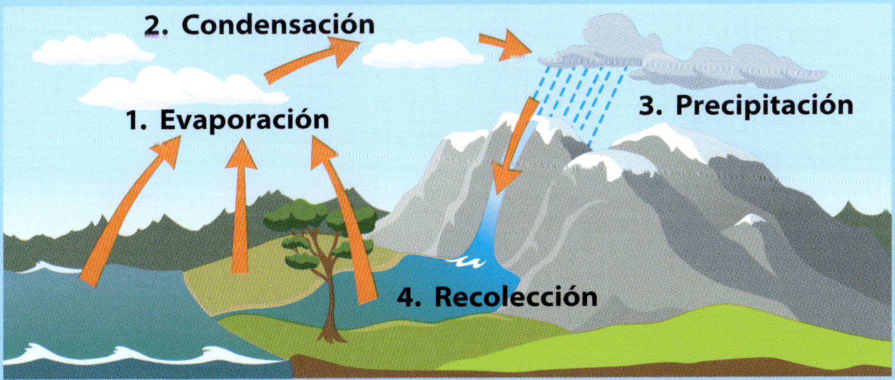

1. **Evaporación: El agua se calienta por el sol y se convierte en vapor.**
2. **Condensación: El vapor se enfría y se vuelve líquido.**
3. **Precipitación: El líquido cae como lluvia, neblina, granizo, aguanieve o nieve.**
4. **Recolección: El agua se acumula en arroyos, ríos o en el suelo.**

❄ CAPÍTULO 2 ❄

Hielo y nieve

La nieve se forma cuando el vapor de agua se condensa en gotas líquidas. El aire frío congela las gotas de agua y forma cristales de hielo. Los cristales crecen y se adhieren a otros cristales de hielo. Luego caen a la tierra en forma de copos de nieve.

Los cristales de hielo tienen diferentes formas, que dependen de la temperatura. Cuando la temperatura es más fría, sus formas son simples. Cuando la temperatura es más cálida, sus formas son más complejas. El polvo puede mezclarse con las gotas de agua antes de que se congelen. Esto cambia el tamaño y la forma del cristal de hielo.

Kenneth G. Libbrecht

Esta es una imagen de cerca de un cristal de nieve.

Puedes ver las partículas de polvo sobre este copo de nieve que se muestra bajo el microscopio.

Los cristales de hielo contienen información sobre el medioambiente. El vapor de agua se aferra a **partículas** en el aire, como el polvo o la ceniza. Cuando el vapor se transforma en líquido y luego en hielo, estas partículas se congelan en los cristales de hielo.

Además, cuando la nieve cae, atrapa burbujas de gas de la atmósfera. Luego, los gases y las partículas se entierran en la nieve.

Los copos de nieve de cerca

Puedes ver detalladamente los copos de nieve usando un microscopio. La mayoría de cristales de hielo tiene seis lados.

Nieve y hielo cubren la mayor parte de Groenlandia.

El hielo de las regiones polares se ha acumulado durante miles de años. La nieve formó capas. La nieve nueva cubrió la nieve antigua y la presionó hacia abajo. Poco a poco la nieve se compactó en hielo, y el polvo, la ceniza y los gases quedaron atrapados en él.

AHORA COMPRUEBA

¿Qué sucede cuando se forma el hielo?

❄ CAPÍTULO 3 ❄

El hielo de cerca

Los científicos estudian el hielo de las regiones polares. Quieren averiguar lo que está enterrado en el hielo.

Usan una perforadora hueca con dientes afilados para extraer núcleos de hielo. Los dientes de la perforadora giran y perforan el hielo. Mientras la perforadora se mueve hacia abajo, su interior se llena de hielo. Ese hielo forma una columna, llamada núcleo de hielo.

El mejor lugar para perforar

Los científicos buscan lugares donde el hielo no se haya descongelado o desplazado. Usan radares para saber lo profundo que está el hielo y cuántas capas hay.

Esta perforadora extrae núcleos de hielo.

David Hay Jones/Science Source

El núcleo de hielo se retira en secciones. Después de extraer una sección, la perforadora se pone de nuevo en el mismo agujero. Así recoge una sección de hielo más antiguo.

Una sección característica de hielo tiene entre 2 y 10 pies de largo. El núcleo completo de hielo podría tener 300 pies de largo. En las regiones polares el hielo es muy grueso. Un núcleo de hielo polar puede extraerse de una profundidad mayor a 2 millas bajo el hielo. ¡Formidable!

Este científico sostiene una sección de núcleo de hielo.

Detective del lenguaje La palabra subrayada es una interjección. ¿Qué expresa en este texto?

Las secciones de hielo se llevan a un laboratorio especial.

Los científicos **analizan** las secciones de núcleos de hielo. Usan sus microscopios para ampliar las partículas de hielo. Algunas veces encuentran ceniza y gases. Esto podría indicar la erupción de un volcán cuando se formó la capa de hielo. Otras veces, hay restos de sal, lo que podría indicar que había fuertes vientos del océano.

Las capas de hielo pueden verse cuando el núcleo de hielo se expone a la luz.

Detective del lenguaje	En el texto subrayado hay un pronombre posesivo. ¿A quién hace referencia? ¿Cómo lo sabes?

Los científicos analizan el hielo en busca de gases, como dióxido de carbono y metano. Estos gases se denominan "gases de efecto invernadero". Son gases que atrapan el calor del sol dentro de la atmósfera de la Tierra.

Si los científicos conocen la cantidad de gases de efecto invernadero que había en la atmósfera hace mucho tiempo, pueden descubrir cómo era la temperatura en esa época.

Este científico observa un núcleo de hielo.

Los núcleos de hielo tienen información que nos ayuda a aprender acerca del pasado. Podemos averiguar cómo era el clima hace mucho tiempo. También podemos saber cómo ha cambiado con los años.

El agua recoge información importante de nuestro mundo ¿Quién habría pensado que el hielo antiguo guardaría tantos secretos? Podemos aprender mucho cuando observamos algo de cerca y con detenimiento.

AHORA COMPRUEBA

¿Qué pueden aprender los científicos al observar los núcleos de hielo?

Este glaciar contiene hielo y nieve que se acumuló durante muchos años.

©Gerald Kooyman/CORBIS

Respuesta a la lectura

Resumir

Usa los detalles más importantes de *Secretos del hielo* para resumir la selección. Usa el organizador gráfico como ayuda.

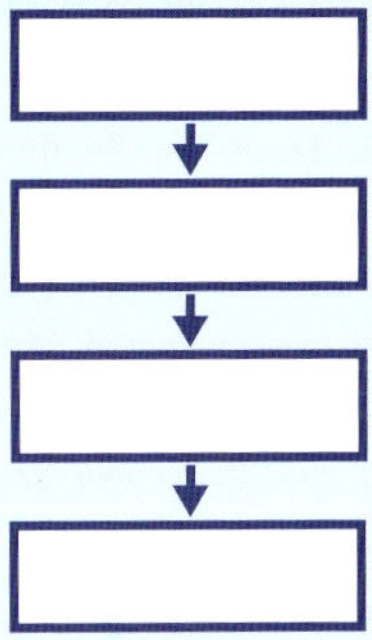

Evidencia en el texto

1. Observa la página 10. ¿Qué características te ayudan a identificar la clase de texto que es *Secretos del hielo*? **GÉNERO**

2. Observa el diagrama de la página 5. ¿Qué muestra? **SECUENCIA**

3. ¿Qué significa la palabra *expande* en la página 3? Usa claves de contexto y un antónimo en la misma página para entender su significado. **ANTÓNIMOS**

4. Escribe sobre cómo la información se mantiene enterrada en el hielo. ¿Qué sucede primero, luego y después? **ESCRIBIR SOBRE LA LECTURA**

Género **Fantasía**

Compara los textos

Lee acerca de una niña que puede ver como un microscopio.

Súper-visión

Los amigos de María estaban en vacaciones y ella estaba aburrida.

—¡Anímate! —dijo su mamá mientras le quitaba una pestaña de la mejilla—. Sóplala y pide un deseo.

María sopló la pestaña y pidió un deseo: "¡Déjame ver algo NUEVO hoy!"

Abrió los ojos. Ben, su hermano menor, había derramado sal y azúcar sobre la mesa. María observó detenidamente los cristales arenosos y los vio más grandes. Observó que los cristales de sal eran cubos y que los cristales de azúcar eran hexágonos.

María parpadeó y vio los cristales diminutos de nuevo. Las cosas se veían más grandes cuando María fijaba su mirada y regresaban a la normalidad cuando parpadeaba.

—Mamá, ¡tengo visión microscópica!

—Eso es maravilloso —le respondió su madre con distracción.

Con la visión microscópica las cosas comunes se hacían extraordinarias. María examinó los detalles de los diminutos cabellos y poros de su brazo.

—¡Tierra llamando a María! —le dijo su mamá—. Por favor, saca la basura.

En el patio delantero había telarañas, hojas y manchitas de mugre. María lo veía todo de una manera nueva.

Levantó la tapa del cubo de basura y gritó. Las manzanas descompuestas y el pan enmohecido se veían horribles. María se alejó corriendo hacia la casa.

Su mamá estaba en el patio con Ben. ¡María vio horribles monstruos marchando hacia el pie de Ben! Quedó boquiabierta.

Luego, María parpadeó y los monstruos se vieron como hormigas solamente.

María cerró los ojos y pidió un deseo: “Por favor, ¡devuélveme mi visión aburrida!”

Abrió los ojos y enfocó la mirada en el cabello ondulado de Ben. Su visión había vuelto a la normalidad.

—¿Estás bien? —le preguntó su mamá.

—Sí, ahora veo las cosas de una forma diferente —dijo María.

Haz conexiones

¿Qué descubre María sobre el mundo con su visión microscópica? **PREGUNTA ESENCIAL**

¿En qué se parecen los científicos en *Secretos del hielo* a María en *Súper-visión*? **EL TEXTO Y OTROS TEXTOS**

Glosario

analizar estudiar o examinar algo detenidamente ***(página 12)***

atmósfera capa de gases que rodea la Tierra ***(página 4)***

condensación proceso por el cual un gas se enfría y se convierte en líquido ***(página 4)***

evaporación proceso del agua cuando se convierte en gas ***(página 4)***

partícula parte diminuta ***(página 7)***

Índice

Enfoque:

Ciencias

Propósito Crear un miniciclo del agua

Procedimiento

Necesitarás un tazón grande, una envoltura plástica, un vaso más pequeño que el tazón, agua y algunas monedas.

Paso 1 Vierte el agua en el tazón hasta llenar un cuarto de su capacidad.

Paso 2 Pon el vaso en el centro del tazón.

Paso 3 Cubre firmemente el tazón con la envoltura de plástico. Pon varias monedas en el centro del plástico, encima del vaso.

Paso 4 Deja el tazón al sol en el saliente de una ventana durante unos cuantos días.

Conclusión ¿Qué sucedió? ¿El nivel del agua del tazón es el mismo? ¿Qué cambió en el vaso? ¿Por qué? Los principios del ciclo del agua funcionan en el miniciclo que hiciste, de la misma manera que en el mundo natural que nos rodea.

Género Texto expositivo

Pregunta esencial

¿Qué puedes descubrir cuando miras algo de cerca?

Secretos del hielo

Rachel Hayward

CAPÍTULO 1
Las propiedades del agua

¿Qué es clara, húmeda y sale de un grifo? ¿Qué es frío, duro y flota en tu vaso? ¿Qué es invisible y se mantiene en el aire?

La respuesta es el agua. El agua puede ser un líquido (agua), un sólido (hielo) o un gas (vapor).

En la Tierra, el agua se presenta de forma natural como un líquido, un sólido y un gas.

(bl) Brand X Pictures/Punchstock